Resource & Activity Book

¡Viva el Español!

Blackline Masters

SECOND EDITION

Jane Jacobsen-Brown

Abraham Martínez-Cruz

Christine Wolinski Szeszol

Linda West Tibensky

Donna Alfredo Wardanian

Illustrated by Don Wilson

National Textbook Company
NTC a division of *NTC Publishing Group* • Lincolnwood, Illinois USA

Acknowledgments The authors wish to acknowledge the administration of Des Plaines School District 62, Oak Park Districts 97 and 200, and New Sabin Magnet School District 6 for their support and encouragement in the development of the *¡Viva el español!* program.

Project Director
Keith Fry

Project Manager
Elizabeth Millán

Artists
Nan Brooks (Poster Art)
Gwen Connelly (Sharing Books,
    Picturebooks, Videotape)
George B. Hamblin (Poster Art)
John Lambert (Flash Cards)
Terri Starrett (Learning System
    Box Illustrations)
Mark Stearney (Flash Cards)
Don Wilson (Resource & Activity Book)

Learning System Box Design
Rosa + Wesley Design Associates
Jerry White Photography, Inc.

Consulting Educators for the ¡Viva el español! Program

Diana Azcoitia
Chicago Public Schools
Chicago, Illinois

Linda Calk
Assessment and Support Department
Ysleta Independent School District
El Paso, Texas

Dr. Lucia P. Hall
Behavioral Consultants International
Chicago, Illinois

Dr. Gladys C. Lipton
Director of National FLES* Institute
University of Maryland, Baltimore County
Baltimore, Maryland

Dr. James Maharg
University of Illinois
Chicago, Illinois

Gloria A. Mariscal
Teacher of Spanish
Eastwood High School
El Paso, Texas

Original Pilot Testing

New Sabin Magnet School, District 6
Chicago Public Schools
Chicago, Illinois
Supervising teacher: Zulma V. Meléndez

Ysleta Independent School District
El Paso, Texas
Supervising teacher: María Salmerón

Note: The blackline masters in this book may be reproduced by individual teachers for classroom use only.

1997 Printing

Contents

Introduction

Answer Key for Assessment Pages
Student Progress Chart (Lessons 1–13)
Student Progress Chart (Lessons 14–27)

Assessment Pages

Vocabulary/Activity Masters

Introduction

Overview

The numerous blackline master vocabulary and activity pages in the *¡Viva el español!* Resource and Activity Book have been carefully integrated into the lessons and activities described in the Teacher's Manual for Learning System C. Consistent with the methodologies of Total Physical Response (TPR) and the Natural Approach, the illustrations and activity pages provide a wealth of visually stimulating, manipulable materials to help you create and maintain a lively learning environment. For each step of a lesson in the *Teacher's Manual,* you will find in the Materials to Gather list the blackline master page numbers and the quantity of copies you will need for teaching and practicing vocabulary, reviewing vocabulary and structures, playing games, or assessing children's comprehension of vocabulary they have learned.

Elements in the Resource and Activity Book

- Student Progress Charts
- Assessment pages for conducting paper-and-pencil assessments with the entire class
- Half-page illustrations of vocabulary words to be made into manipulable *vocabulary cards*
- Full-page illustrations of vocabulary to be colored and mounted for use as *vocabulary pictures*
- Vocabulary review pages with reduced illustrations of the vocabulary in a word group to be made into transparencies for use with an overhead projector or to be photocopied for making paper-and-pencil assessment activities
- Patterns and illustrations for making manipulable teaching aids and for preparing materials needed for games
- Activity pages for "quiet" activities (e.g., connect the dots) when working with children in groups
- Number pages for use in making vocabulary cards or constructing games

Vocabulary Cards Some of the masters are designed as vocabulary cards (half-page illustrations) which may be photocopied and used for TPR instruction with individuals, small groups, or the entire class. You may wish to mount these cards on poster board or heavy gauge paper and laminate them for demonstration sets in the classroom or for games. The pages may also be photocopied and distributed to children so that every child may have a set of vocabulary cards for a given lesson. In addition, the vocabulary cards are frequently called for in the Independent Exercises on the audiocassettes that accompany the lessons.

Vocabulary Pictures The vocabulary pictures are full-page illustrations that may be colored and mounted on heavy stock and then laminated for durability. These pictures can be used instead of flash cards or when there are no flash cards that correspond to a particular lesson. The vocabulary pictures may also be made into transparencies for review activities.

Review Pages The review pages in the blackline masters contain reduced illustrations of all the vocabulary in a given word group or family. These pages may be made into transparencies for quick review activities and games or they may be cut apart and used to make materials for the many games described in the lessons.

Assessment

The blackline masters are particularly useful in preparing materials for assessment activities. Because listening and speaking skills are crucial in the early stages of language learning, the vocabulary cards and pictures may be used for TPR activities that require only a physical response to indicate comprehension. They also can be used for initial utterances in activities that call for a yes-no response or a choice of answers, as well as activities that encourage free conversation.

Although it is preferable to assess children in small groups, the need often arises for pencil-and-paper assessments for the entire class. Therefore, included in the *Resource and Activity Book* are assessment pages that correspond to specific assessment activities described in the *Teacher's Manual.* The blackline master pages may be used to create whatever assessment materials you may need, from vocabulary cards for TPR activities and games to visual stimulus for oral interviews. For a complete discussion of the assessment recommendations for the *¡Viva el espanol!* learning systems, see the Overview in the *Teacher's Manual,* as well as *Strategies: Step 3* of each lesson.

Transparencies

Throughout the lessons in the *Teacher's Manual,* it is often recommended that you make a transparency of a blackline master for use on the overhead projector. You may wish to investigate the equipment available in your school or school system for making transparencies. Transparencies are especially useful when you are teaching a game or reviewing vocabulary with the entire class.

Answer Key Assessment **1**

1.	(a)	e	i	o	u
2.	a	e	(i)	o	u
3.	a	e	i	o	(u)
4.	a	e	i	(o)	u
5.	a	(e)	i	o	u
6.	(a)	e	i	o	u
7.	a	e	i	(o)	u
8.	a	e	(i)	o	u

Answer Key

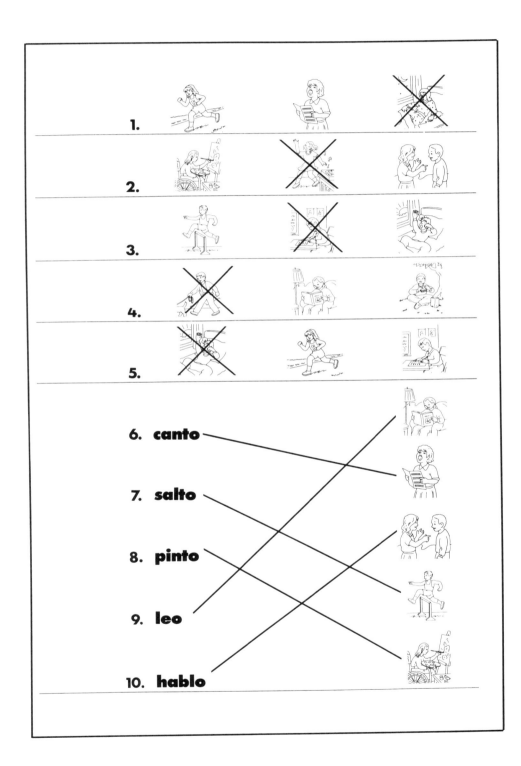

1.
2.
3.
4.
5.

6. **canto**

7. **salto**

8. **pinto**

9. **leo**

10. **hablo**

1.
2.
3.
4.
5.
6.
7.
8.
9.
10.

Answer Key

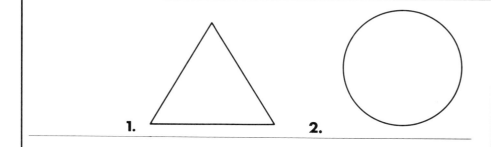

1.   **2.**

3.   **4.**

5. $10 - 4 = \underline{\ 6\ }$ **6.** $5 \times 5 = \underline{\ 25\ }$

7. $20 + 30 = \underline{\ 50\ }$ **8.** $50 + 50 = \underline{\ 100\ }$

9. $10 \times 8 = \underline{\ 80\ }$ **10.** $20 - 2 = \underline{\ 18\ }$

Answer Key

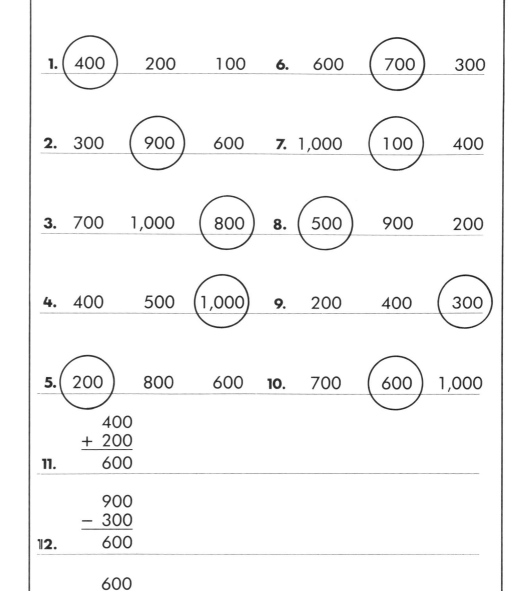

1. (400)   200   100   **6.** 600   (700)   300

2. 300   (900)   600   **7.** 1,000   (100)   400

3. 700   1,000   (800)   **8.** (500)   900   200

4. 400   500   (1,000)   **9.** 200   400   (300)

5. (200)   800   600   **10.** 700   (600)   1,000

	400
	+ 200
11.	600

	900
	− 300
12.	600

	600
	× 1
13.	600

1.		✕	
2.	✕		
3.		✕	
4.			✕

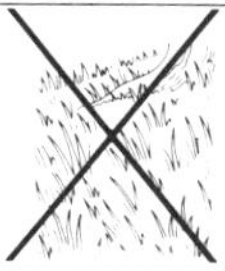

la canasta	las hormigas	el campo
las flores	el mantel	

5.  las flores

6.  el campo

7.  la canasta

8.  el mantel

Answer Key

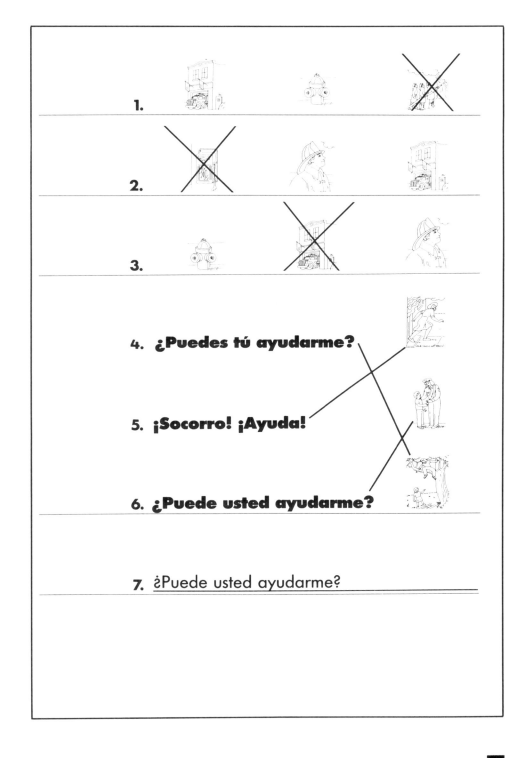

1.

2.

3.

4. **¿Puedes tú ayudarme?**

5. **¡Socorro! ¡Ayuda!**

6. **¿Puede usted ayudarme?**

7. ¿Puede usted ayudarme?

Answer Key

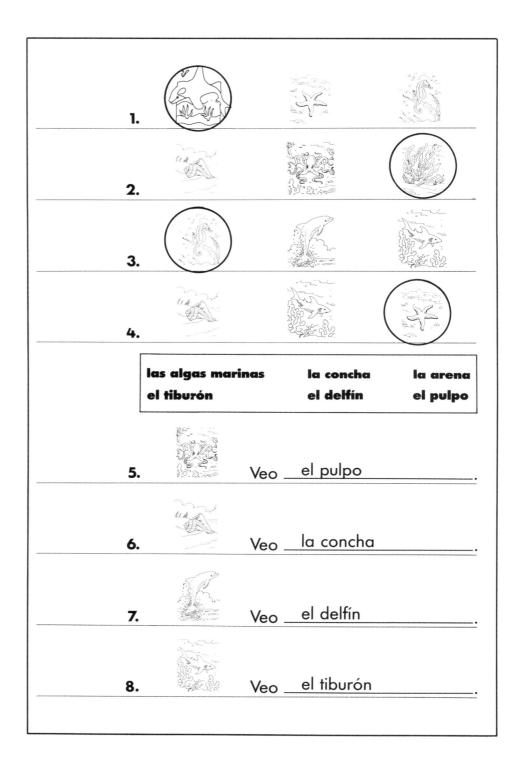

las algas marinas	**la concha**	**la arena**
el tiburón	**el delfín**	**el pulpo**

5. Veo __el pulpo__ .

6. Veo __la concha__ .

7. Veo __el delfín__ .

8. Veo __el tiburón__ .

libros	**El niño:** ¡Camarero! ¡Camarero!
tomar	**El camarero:** ¿Qué (1) __quieres__ comer?
arroz	**El niño:** Quiero comer (2) __arroz__ con pollo.
quieres	**El camarero:** ¿Qué quieres (3) __tomar__ ?
por favor	**El niño:** Quiero tomar leche, (4) __por favor__ .
dólares	

Camarera	**La niña:** (1) ¡__Camarera__! Tráeme (2) __el menú__, por favor.
el pulpo	**La camarera:** Aquí está.
hay	**La niña:** (3) __Muchas gracias__. Quiero comer un sándwich con queso.
Lo siento	
el menú	**La camarera:** No (4) __hay__ queso, señorita.
Muchas gracias	

Answer Key Assessment **11**

1. **l a** fruter **a**   4. **l a** carter **a**

2. **e l** jardiner **o**   5. **l a** basurer **a**

3. **e l** mecánic **o**

| la mecánica | la frutera | el basurero |
| el cartero | la jardinera | el vendedor |

6. ¿Quién es?
Es __el vendedor__ .

7. ¿Quién es?
Es __la jardinera__ .

8. ¿Quién es?
Es __el cartero__ .

XXVIII ¡Viva el español! Learning System C

ser / Quiero / el malabarista.

1. Quiero ser el malabarista.

las golosinas. / comer / Me gusta

2. Me gusta comer las golosinas.

los jinetes	los globos	los acróbatas
el público	la domadora	los trapecistas

3. los globos

4. el público

5. los acróbatas

6. la domadora

¿Qué quieres ser?

7. Answers will vary.

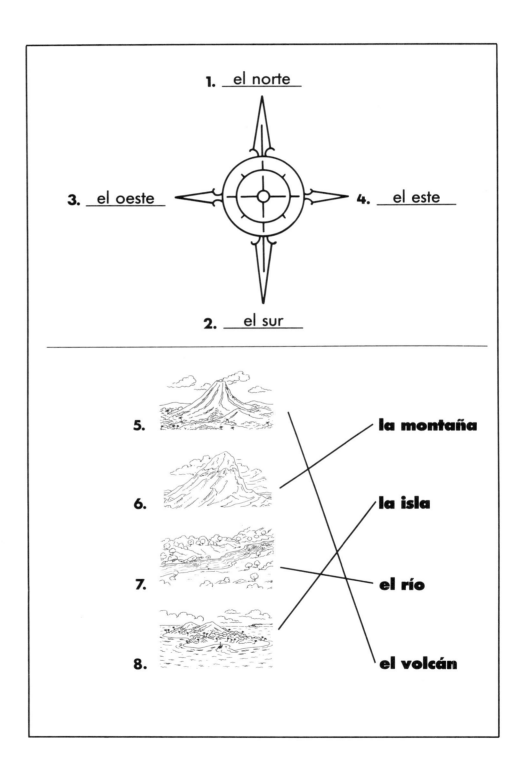

1. el norte
3. el oeste
4. el este
2. el sur

5. la montaña
6. el volcán
7. el río
8. la isla

la montaña

la isla

el río

el volcán

Student Progress Chart

Core Vocabulary	Lesson Number	Listening/ Speaking Skills	Reading/ Writing Skills	Assessment Comments
Review vocabulary, structures, and TPR commands from Learning Systems A and B	1–2			
Action verbs	3			
Vowels	3			
Telling time	4–5			
Arithmetic	6			
Numbers 100–1,000	7			
Adjectives	8			
Expressions of courtesy	9			
Going on a picnic	10			
Family	11			
Animals in a pet store	12			
Prepositions	13			

Student Progress Chart

Core Vocabulary	Lesson Number	Listening/ Speaking Skills	Reading/ Writing Skills	Assessment Comments
Lesson 14 Review	1–13			
Let's write a story	15			
Emergency expressions	16			
Sea life	17			
Doctor's office	18–19			
Personal expressions	19–23			
Stores	20			
Shopping	20			
Restaurant	21			
People who work in a community	22			
Meeting people	23			
Circus	24–25			
Geography	26			
Lesson 27 Review	1–26			

ASSESSMENT PAGES

Me llamo _____ **Fecha** _____

1. a e i o u

2. a e i o u

3. a e i o u

4. a e i o u

5. a e i o u

6. a e i o u

7. a e i o u

8. a e i o u

© National Textbook Company

Me llamo _____ Fecha _____

1.

2.

3.

4.

5.

6. canto

7. salto

8. pinto

9. leo

10. hablo

Me llamo _____ **Fecha** _____

1.

2.

3.

4.

5.

6.

7.

8.

9.

10.

Me llamo _____ **Fecha** _____

_____

_____

_____

_____

_____

_____

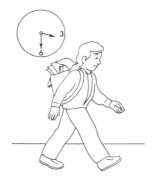

_____

_____

_____

_____

_____

© National Textbook Company

Me llamo _____ Fecha _____

1. _____   **2.** _____

3. _____   **4.** _____

5. $10 \_\_ 4 = \_\_\_\_\_$ **6.** $5 \_\_ 5 = \_\_\_\_\_$

7. $20 \_\_ 30 = \_\_\_\_\_$ **8.** $50 \_\_ 50 = \_\_\_\_\_$

9. $10 \_\_ 8 = \_\_\_\_\_$ **10.** $20 \_\_ 2 = \_\_\_\_\_$

Me llamo _____ Fecha _____

1.	400	200	100	**6.**	600	700	300
2.	300	900	600	**7.**	1,000	100	400
3.	700	1,000	800	**8.**	500	900	200
4.	400	500	1,000	**9.**	200	400	300
5.	200	800	600	**10.**	700	600	1,000

11. _____

12. _____

13. _____

Me llamo _____ Fecha _____

1.

2.

3.

4.

la canasta	las hormigas	el campo
las flores	el mantel	

5. _____

6. _____

7. _____

8. _____

Me llamo _____ Fecha _____

1. _____

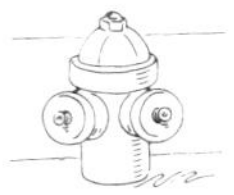

2. _____

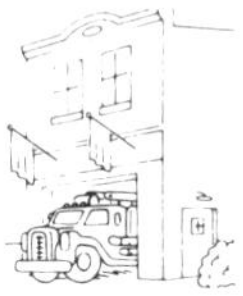

3. _____

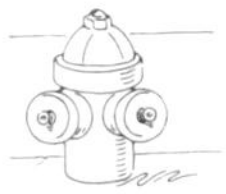

4. **¿Puedes tú ayudarme?**

5. **¡Socorro! ¡Ayuda!**

6. **¿Puede usted ayudarme?**

7. _____

Me llamo _____ Fecha _____

1.

2.

3.

4.

las algas marinas	**la concha**	**la arena**
el tiburón	**el delfín**	**el pulpo**

5. Veo _____.

6. Veo _____.

7. Veo _____.

8. Veo _____.

© National Textbook Company

Me llamo _____ Fecha _____

---

libros

tomar

arroz

quieres

por favor

dólares

El niño: ¡Camarero! ¡Camarero!

El camarero: ¿Qué (1) _____ comer?

El niño: Quiero comer (2)_____
con pollo.

El camarero: ¿Qué quieres (3)_____?

El niño: Quiero tomar leche,

(4)_____.

Camarera

el pulpo

hay

Lo siento

el menú

Muchas
gracias

La niña: (1) ¡_____! Tráeme
(2)_____, por favor.

La camarera: Aquí está.

La niña: (3)_____.
Quiero comer un sándwich
con queso.

La camarera: No (4)_____ queso,
señorita.

Me llamo _____ Fecha _____

1. ____ ____ fruter ____   4. ____ ____ carter ____

2. ____ ____ jardiner____   5. ____ ____ basurer ____

3. ____ ____ mecánic ____

la mecánica	la frutera	el basurero
el cartero	la jardinera	el vendedor

6. ¿Quién es?

Es _____.

7. ¿Quién es?

Es _____.

8. ¿Quién es?

Es _____.

Me llamo _____ Fecha _____

ser / Quiero / el malabarista.

1. _____

las golosinas. / comer / Me gusta

2. _____

| los jinetes | los globos | los acróbatas |
| el público | la domadora | los trapecistas |

3. _____

4. _____

5. _____

6. _____

¿Qué quieres ser?

7. _____

Me llamo _____ Fecha _____

1. _____

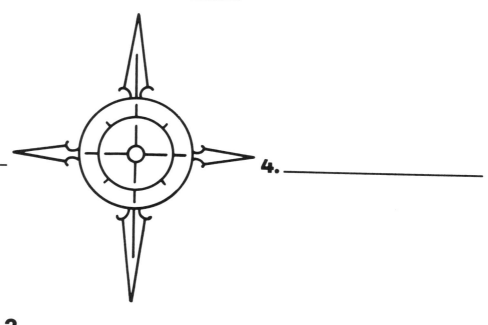

3. _____

4. _____

2. _____

5.    **la montaña**

6.    **la isla**

7.    **el río**

8.    **el volcán**

VOCABULARY/ACTIVITY MASTERS

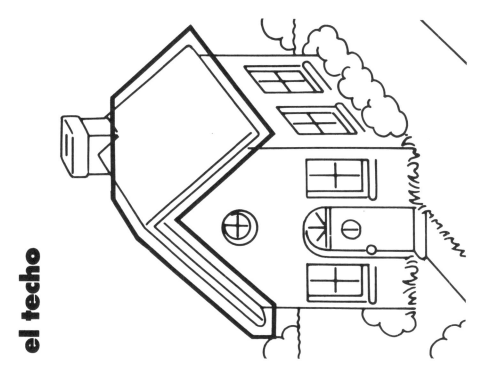

el techo

la casa

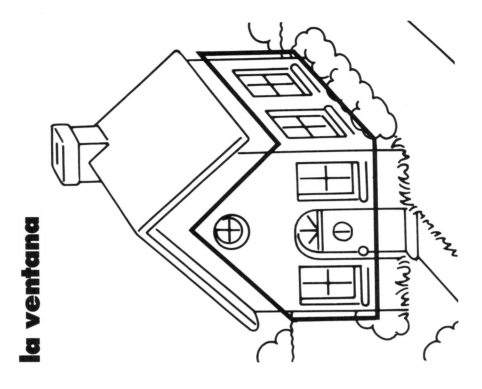

la ventana

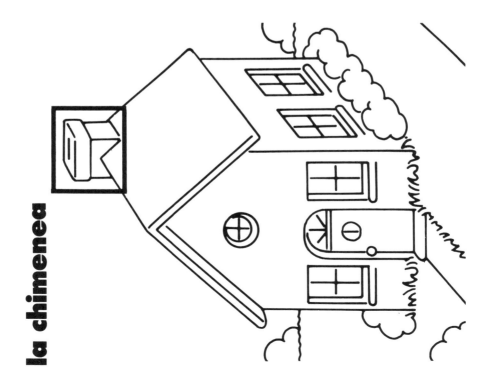

la chimenea

el garaje

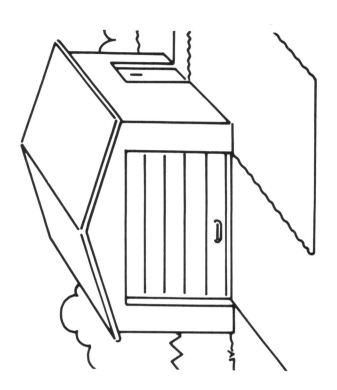

la puerta

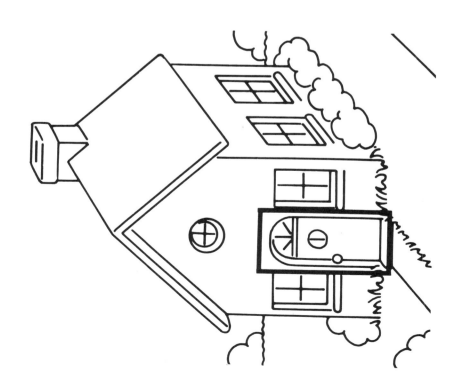

el jardín

el patio

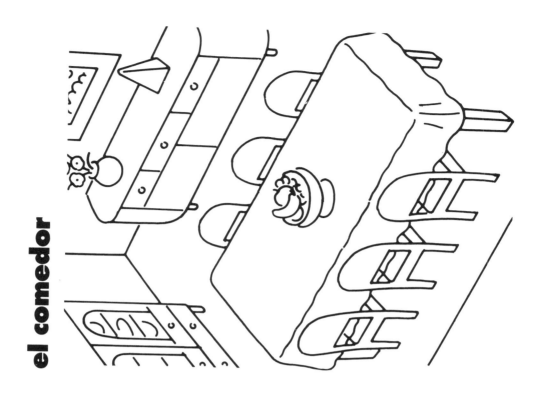

el comedor

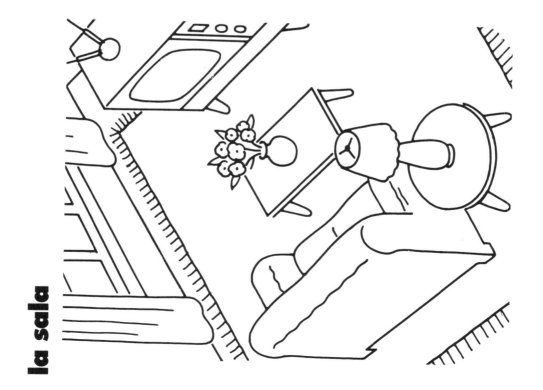

la sala

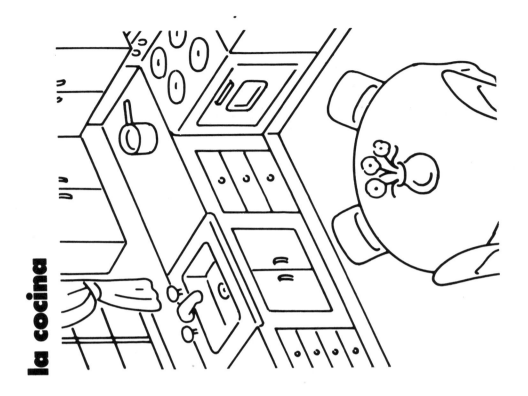

la cocina

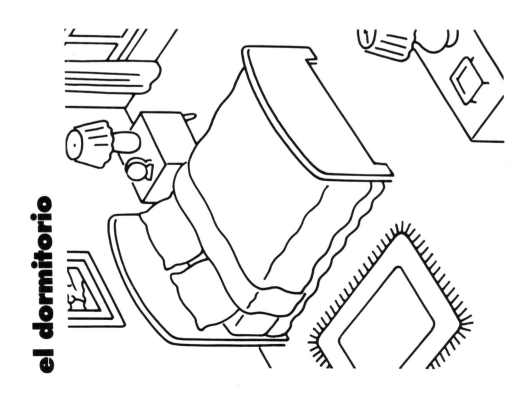

el dormitorio

la lámpara

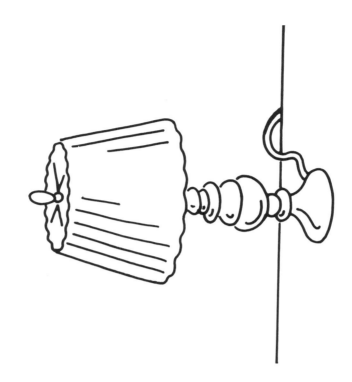

el sofá

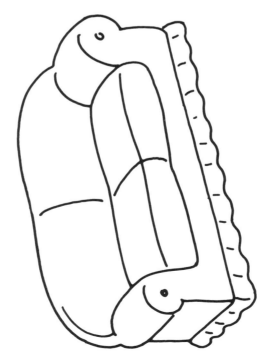

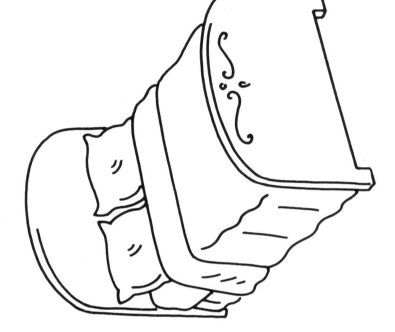

la cama

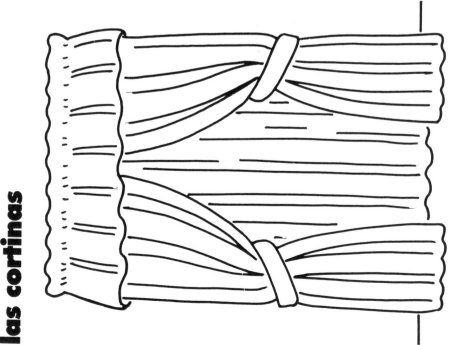

las cortinas

el sillón

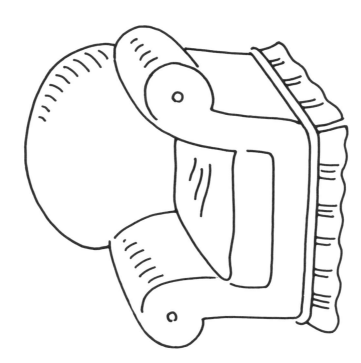

el espejo

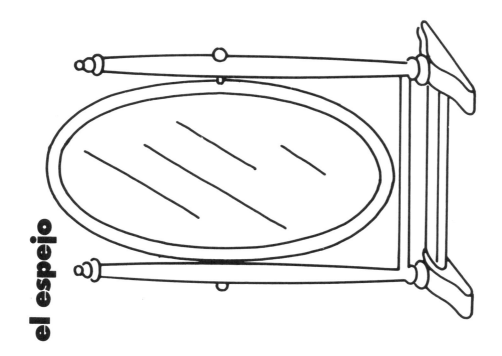

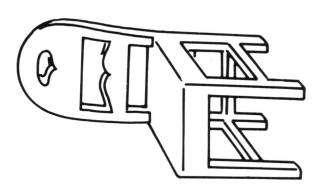

la silla

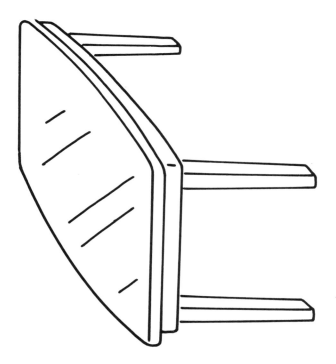

la mesa

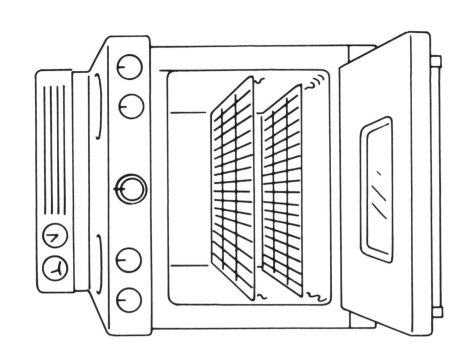

el horno

la estufa

LEARNING SYSTEM C

el refrigerador

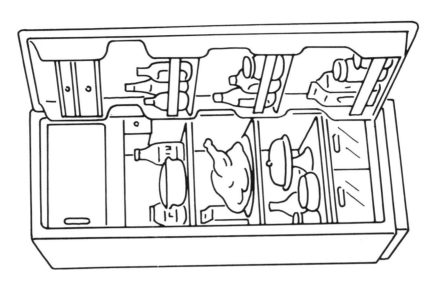

el lavaplatos

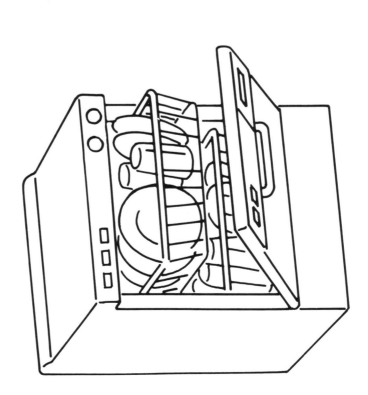

LEARNING SYSTEM C

¡Viva el español!

Master **7**

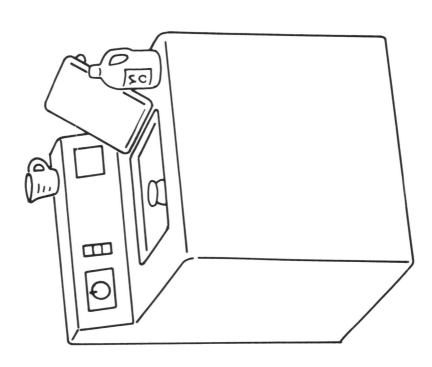

la lavadora

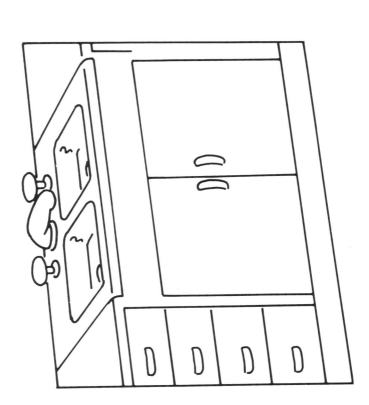

el fregadero

el horno de microonda

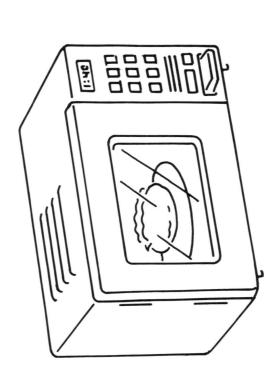

la secadora

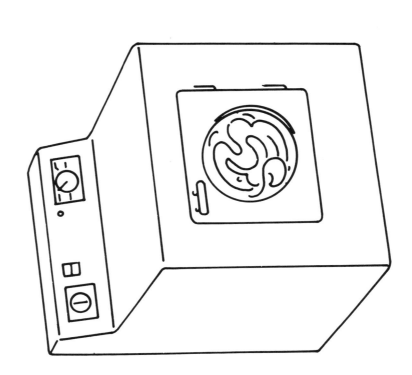

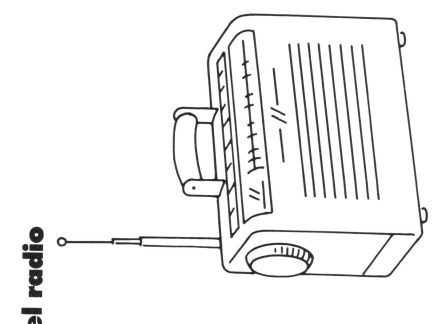

el radio

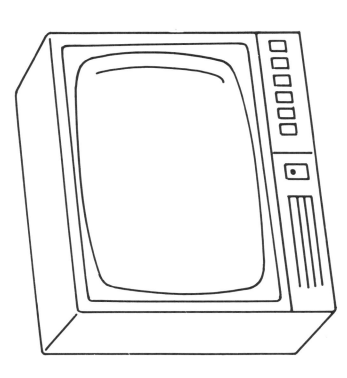

la televisión

los discos

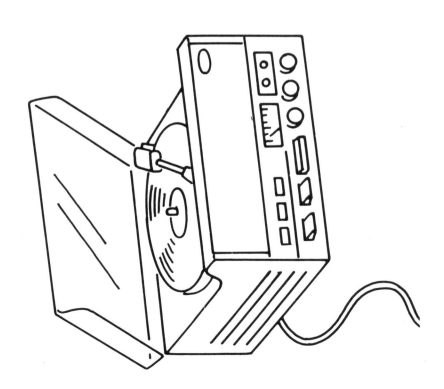

el tocadiscos

la manzana

la pera

las uvas

las fresas

las cerezas

el limón

la naranja

el durazno

el plátano

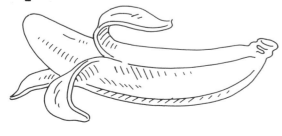

la piña

C	i	n	c	o

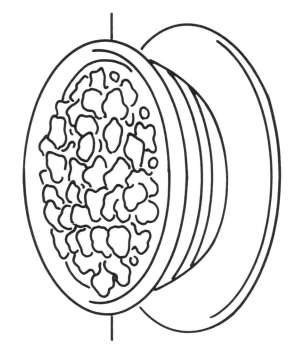

el cereal

la leche

el jugo

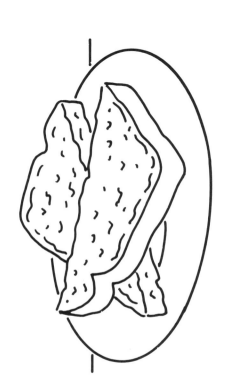

el pan tostado

las galletas

la sopa

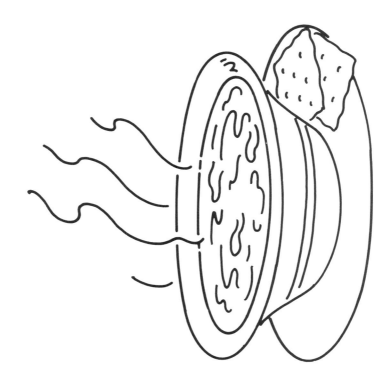

el sándwich

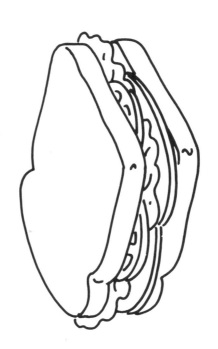

el queso

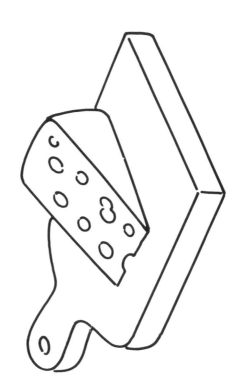

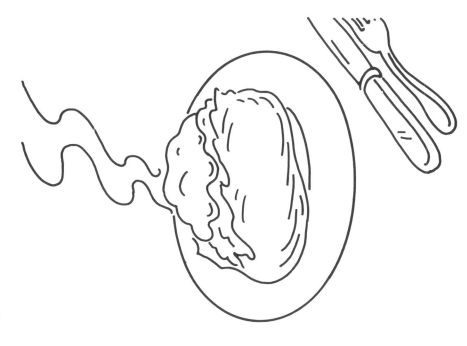

la papa

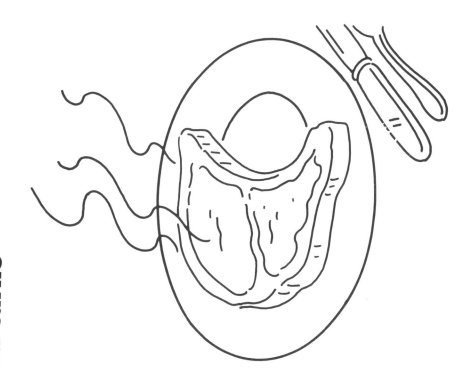

la carne

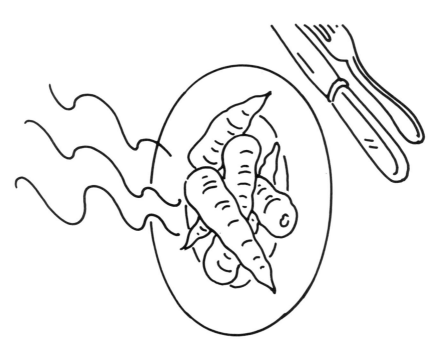

las zanahorias

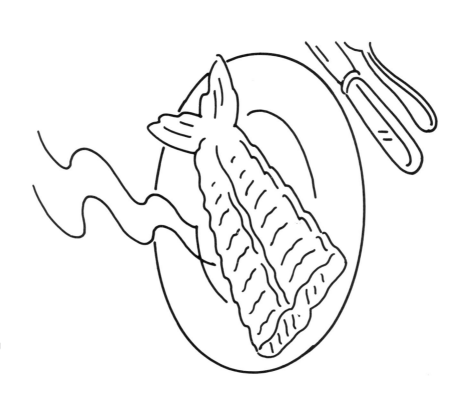

el pescado

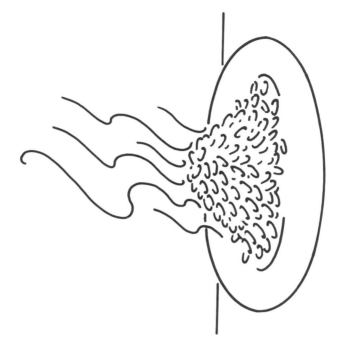

el arroz

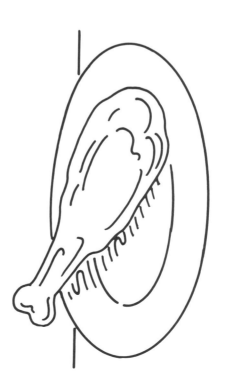

el pollo

la sal y la pimienta

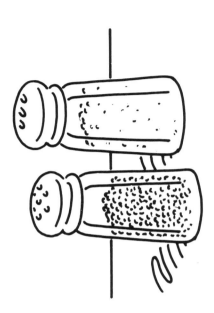

la salsa de tomate

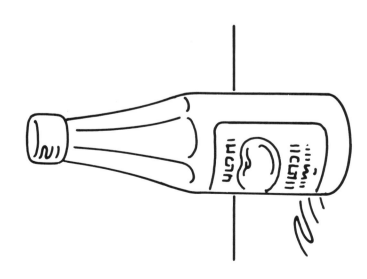

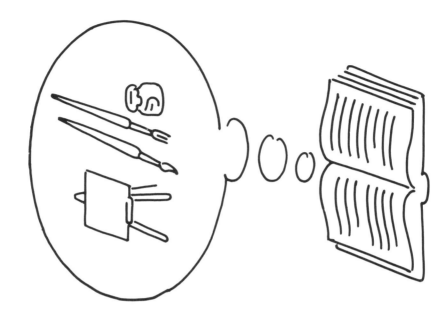

el arte

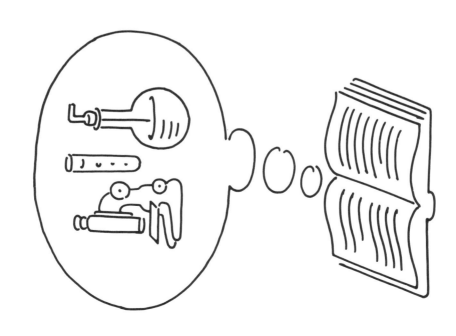

las ciencias

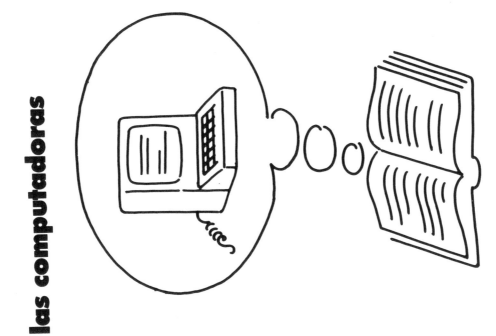

las computadoras

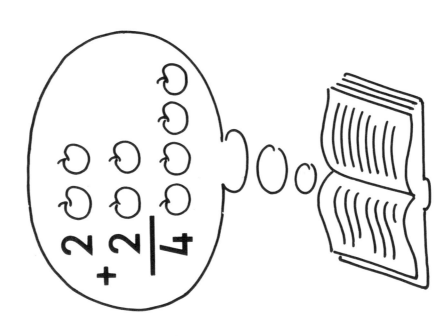

las matemáticas

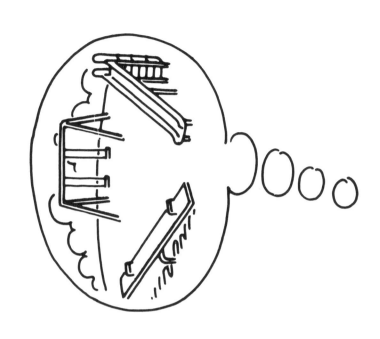

la hora de recreo

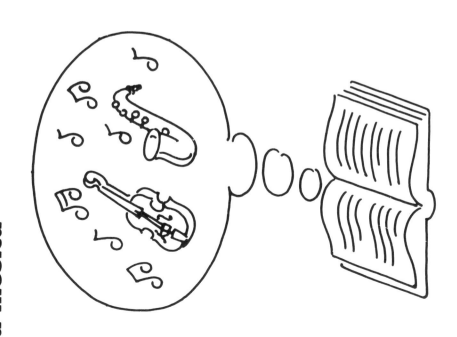

la música

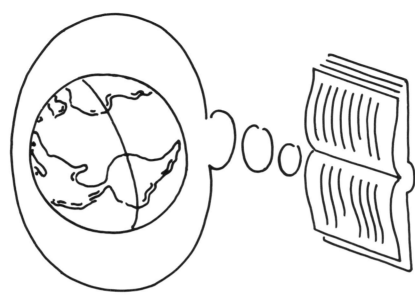

la geografía

la historia

el español

niño

el inglés

boy

Hago ejercicios.

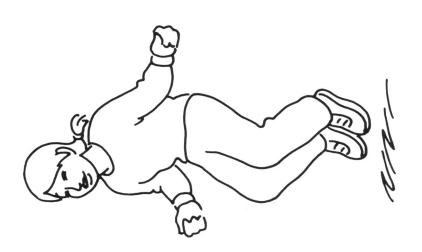

Estudio.

LEARNING SYSTEM C

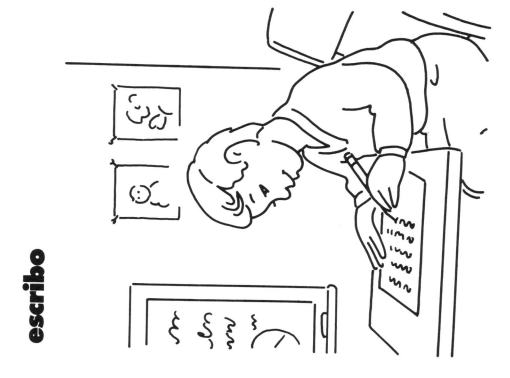

escribo

hablo

camino

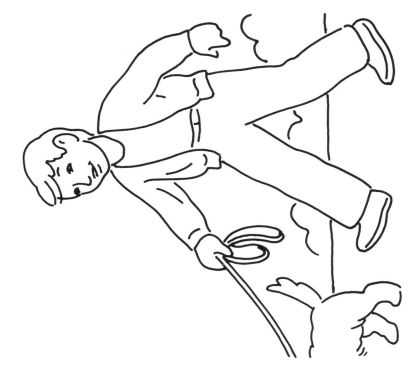

canto

como

corro

leo

pinto

salto

bailo

me acuesto

me levanto

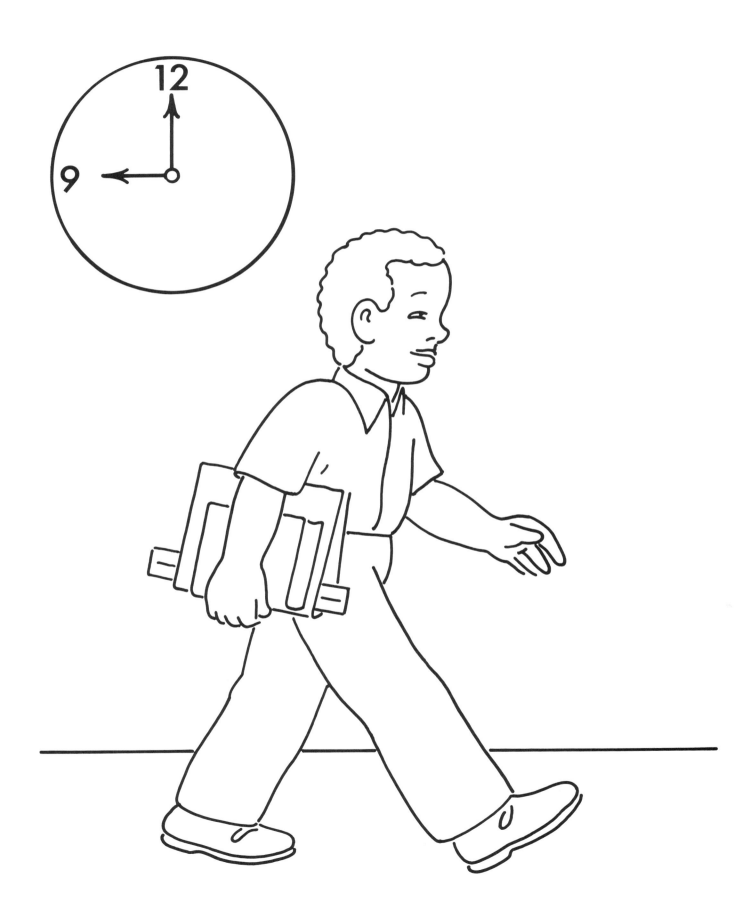

LEARNING SYSTEM C

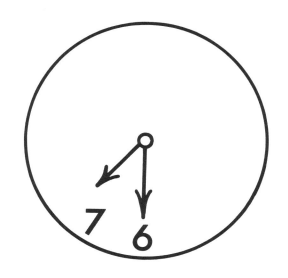

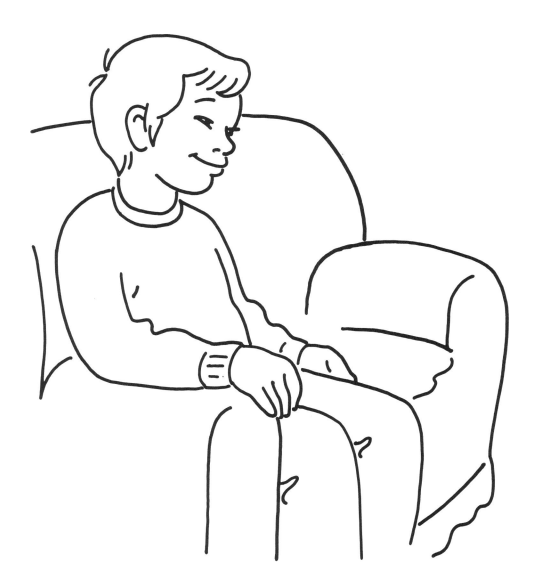

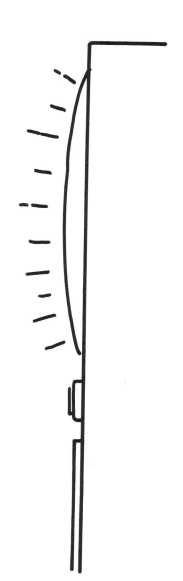

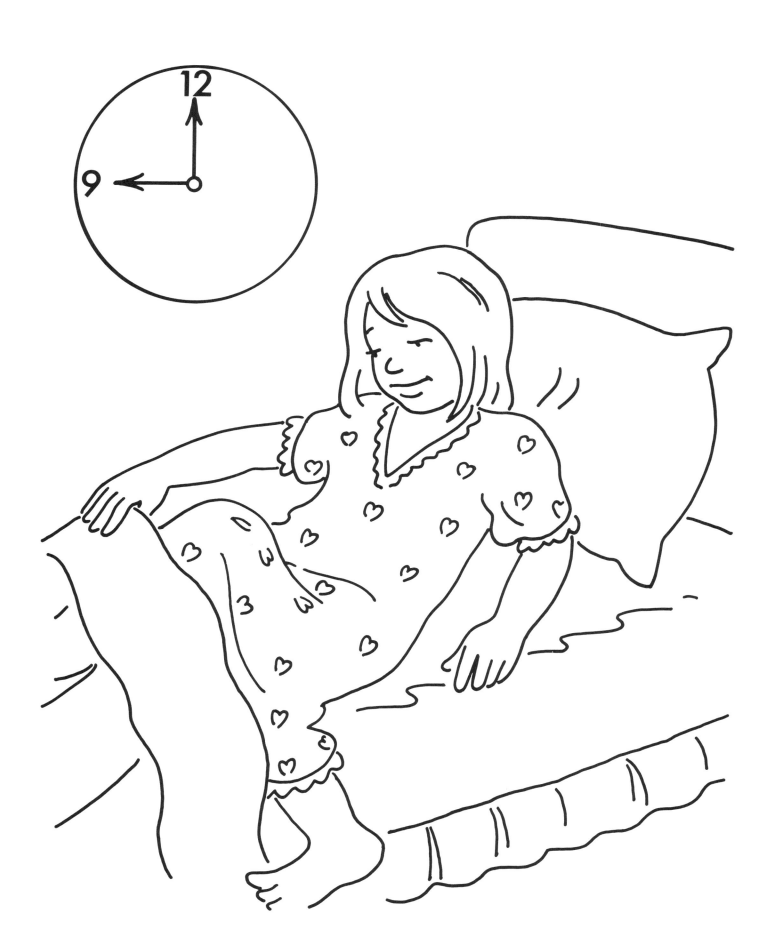

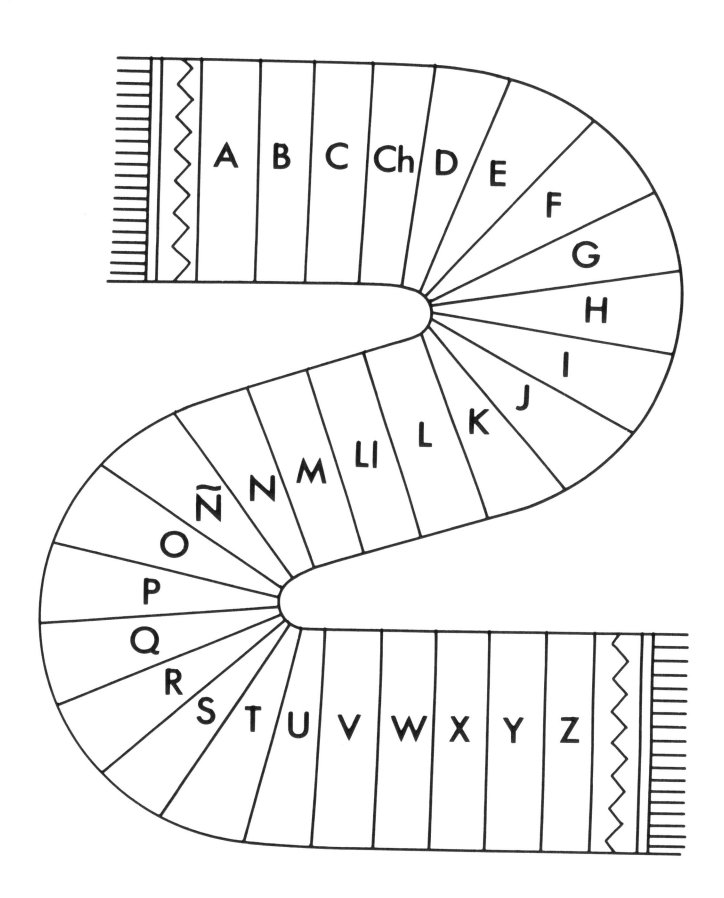

A las siete, me levanto.

A las ocho, como cereal con leche.

A las nueve, camino a la escuela.

A las diez, estudio en la clase.

A las once, leo mis libros.

A las doce, como un sándwich.

A las tres y media, camino a mi casa.

A las cuatro, juego con mis amigos.

A las seis y media, como la cena.

A las siete y media, veo la televisión.

A las nueve, me acuesto.

el círculo

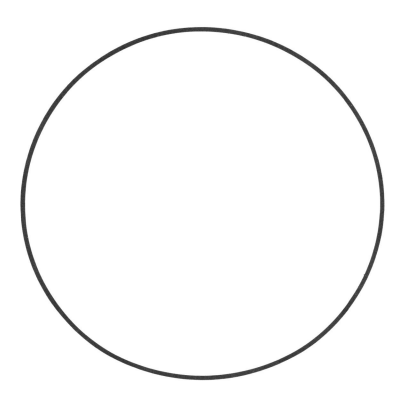

el cuadrado

LEARNING SYSTEM C

¡Viva el español!
Master **37**

✂ -

el triángulo

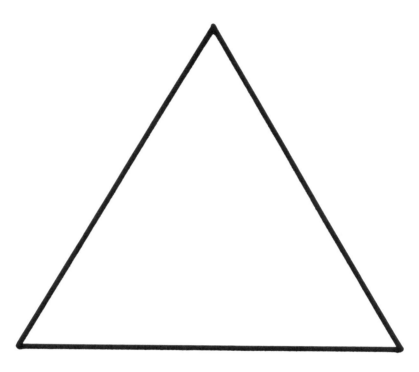

✂ -

el rectángulo

el cuadrado

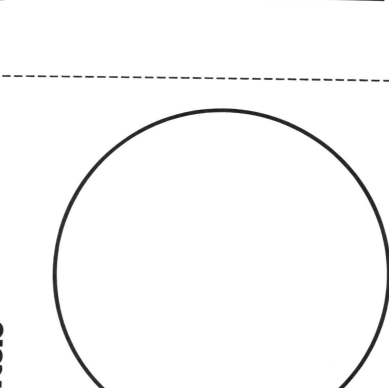

el círculo

el rectángulo

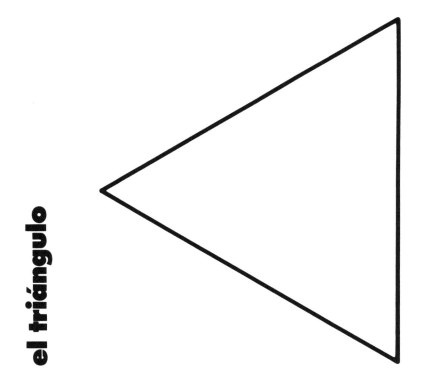

el triángulo

```
  45          50         100          6
- 10        + 30         × 1        - 3


  20          99          60         40
+ 20        - 10        + 12        × 2


  10          16          72         81
×  5         + 8        - 12       + 19


  75          30          49         22
- 25         × 3        + 11        × 4


   5          12         100          5
×  4        + 12        - 35        ×  9


  41          62          13         50
- 21        + 13         × 6        + 15
```

Columna 1	Columna 2	Columna 3

LEARNING SYSTEM C

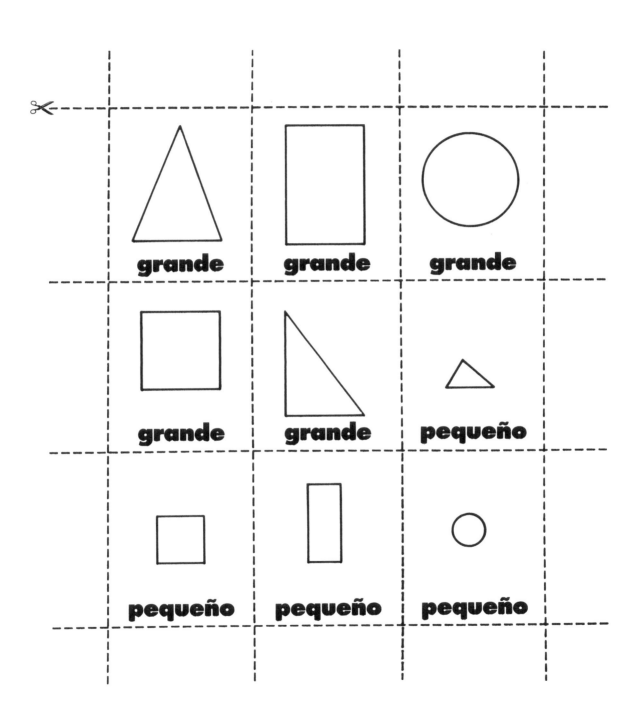

	8	–	7	–	6	+	10	–	9
	+								–
	4		1	+	7	–	4		8
	–		x		Entrada		x		–
	5		3		4		6		7
	x		–		+		–		x
	3		9		6		5		2
	–		x		–		–		x
	6		3		3	x	2		5
	+		–						–
Salida	2		8	–	7	+	3	–	7
	=								

el payaso

la payasa

grande

mediana

pequeña

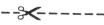

alto   **alta**

bajo   **baja**

bonito

bonita

feo

fea

suave

dura

✂ -

sucio

✂ -

limpio

estrecha

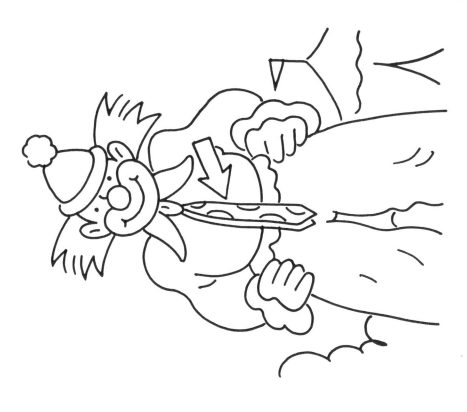

ancha

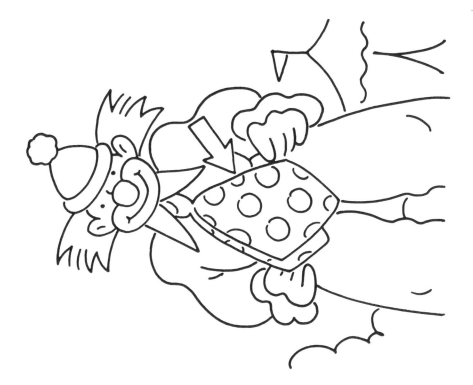

vacío

lleno

último

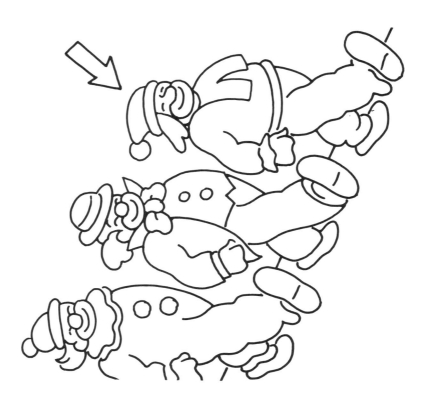

primero

LEARNING SYSTEM C

nuevo

viejo

clara

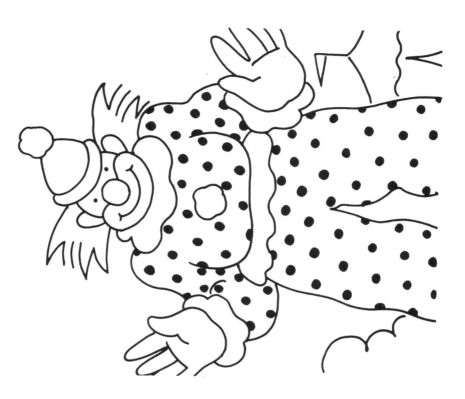

oscura

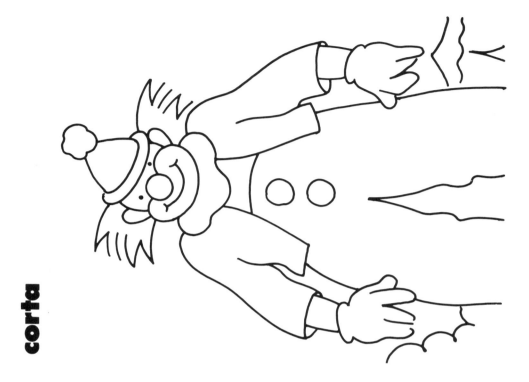

corta

larga

LEARNING SYSTEM C

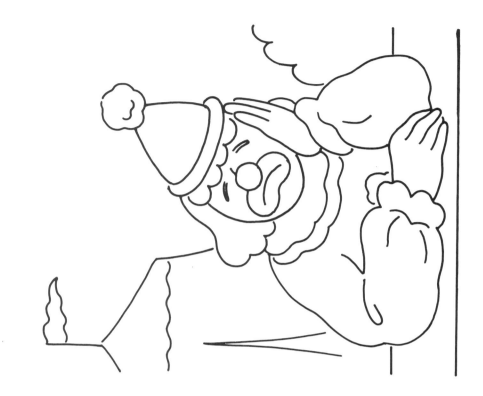

triste

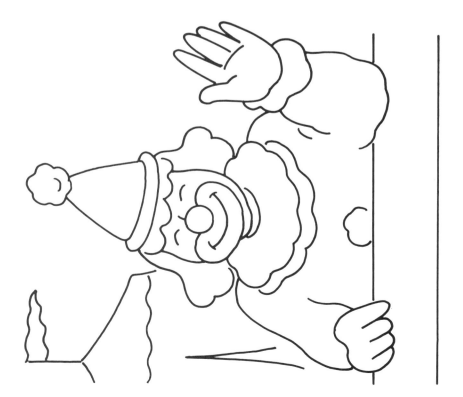

feliz

LEARNING SYSTEM C

delgado

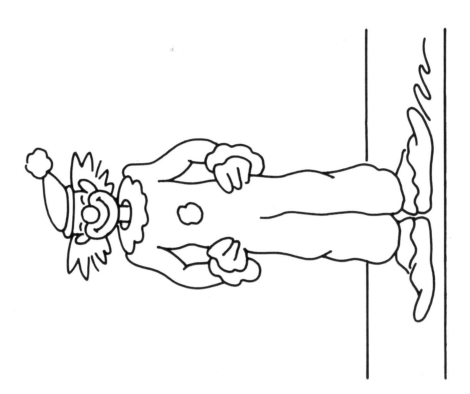

gordo

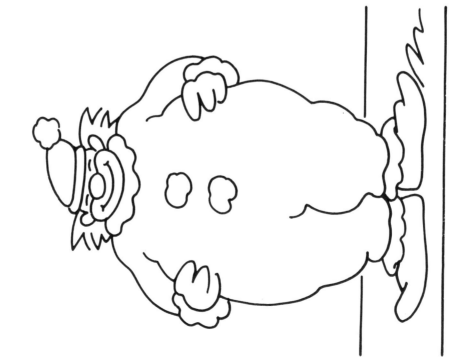

| llena | viejo | corta | clara |
| feliz | primero | estrecho | último |

1. pri___ero

4. feli___

2. ___ena

5. ___iejo

3. estre___o

6. cor___a

7. La chaqueta es _____
larga, ancha

8. Este payaso es el _____ .
último, primero

9. Está _____
lleno, vacío

10. Es _____ .
oscura, clara

la canasta

el campo

las flores

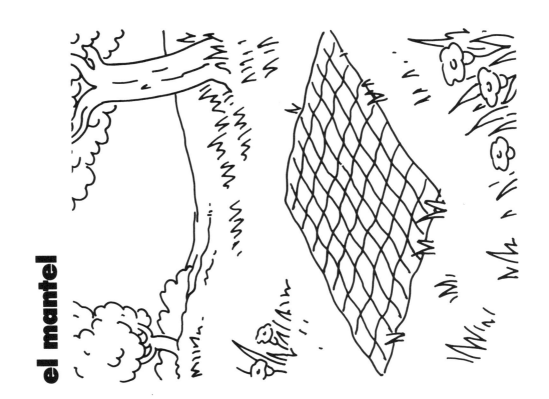

el mantel

el césped

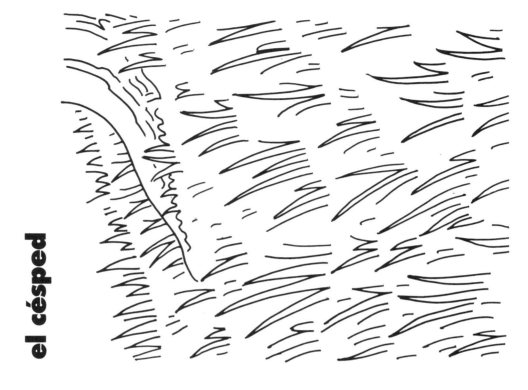

las hormigas

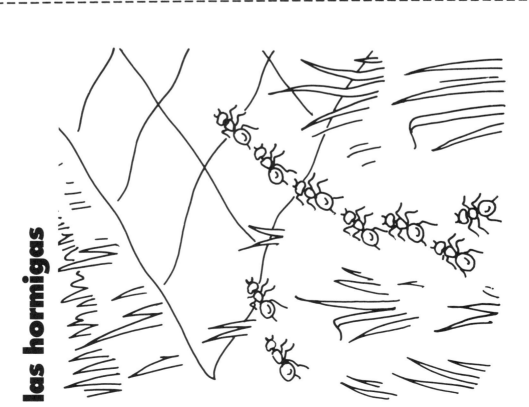

los árboles

la mariposa

el campo

la canasta

el mantel

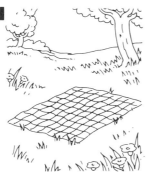

las flores

las hormigas

el césped

la mariposa

los árboles

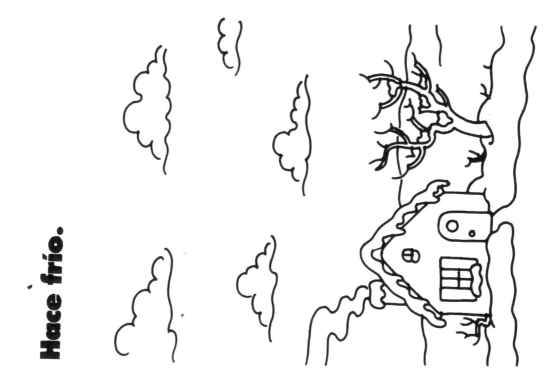

Hace frío.

Hace sol.

Hace buen tiempo.

Hace calor.

Está nevando.

Está lloviendo.

Hace mal tiempo.

Hace viento.

el tío

la tía

la prima

el primo

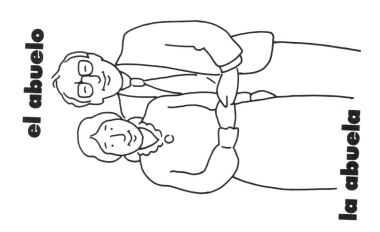

el abuelo

la abuela

el papá

la mamá

el hijo

la hija

¿Cuánto cuesta la palabra?

Letras=		Pesos	Letras=		Pesos
a	=	1	o	=	18
b	=	2	p	=	19
c	=	3	q	=	20
ch	=	4	r	=	21
d	=	5	s	=	22
e	=	6	t	=	23
f	=	7	u	=	24
g	=	8	v	=	25
h	=	9	w	=	26
i	=	10	x	=	27
j	=	11	y	=	28
k	=	12	z	=	29
l	=	13	á	=	30
ll	=	14	é	=	31
m	=	15	í	=	32
n	=	16	ó	=	33
ñ	=	17	ú	=	34

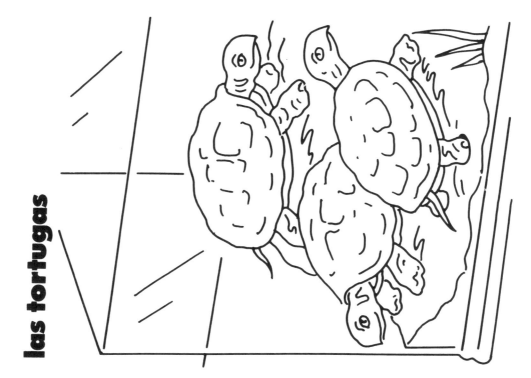

las tortugas

la tortuga

las culebras

la culebra

los loros

el loro

los peces dorados

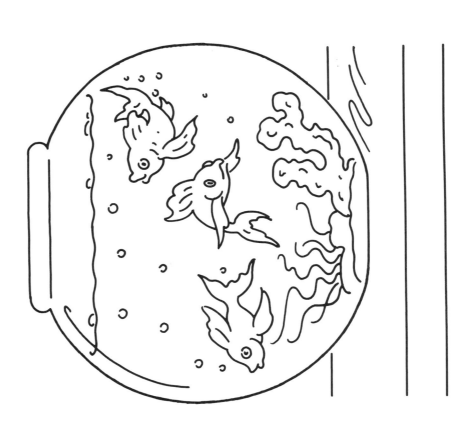

el pez dorado

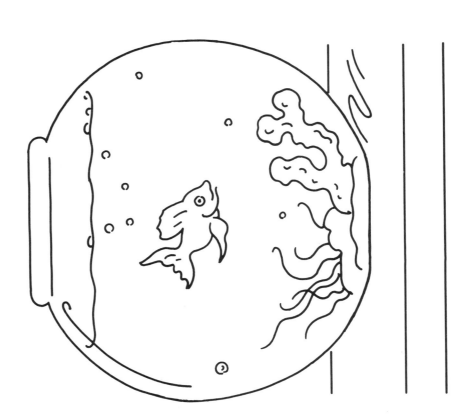

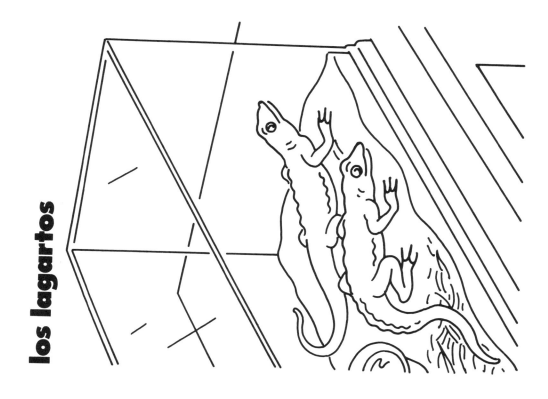

los lagartos

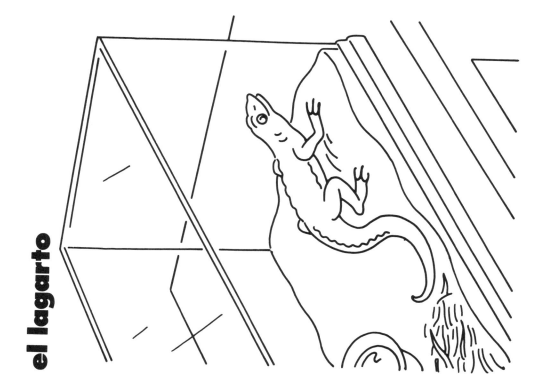

el lagarto

los canarios

el canario

LEARNING SYSTEM C

¡Viva el español!

Master **68**

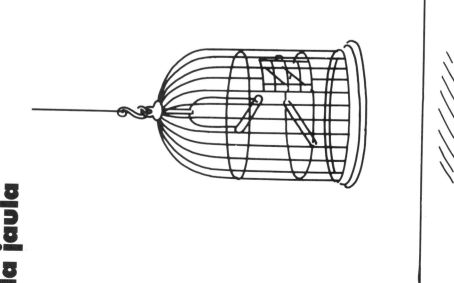

las jaulas

la jaula

los conejos

el conejo

la tortuga

las tortugas

la culebra

las culebras

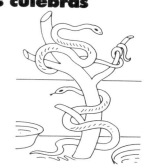

el loro

los loros

el pez dorado

los peces dorados

el lagarto

los lagartos

el canario

los canarios

la jaula

las jaulas

el conejo

los conejos

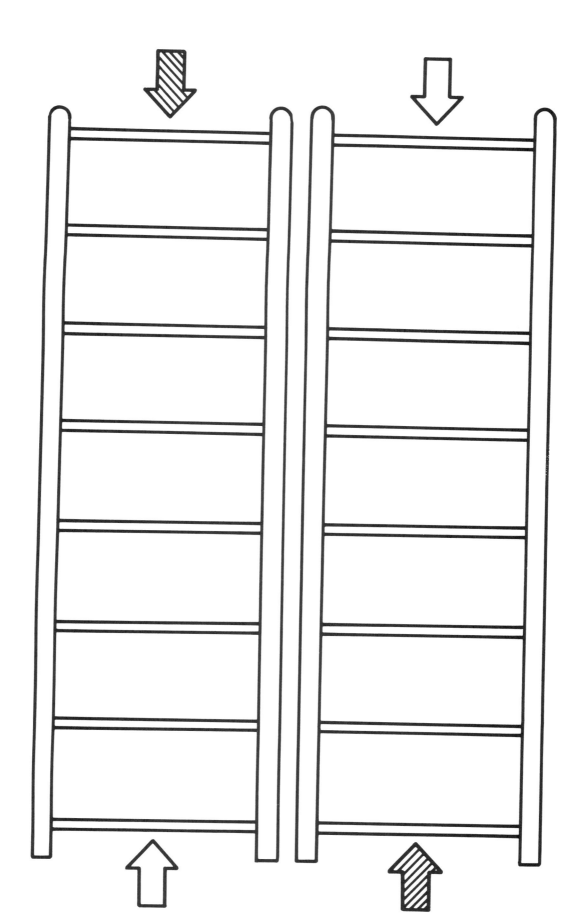

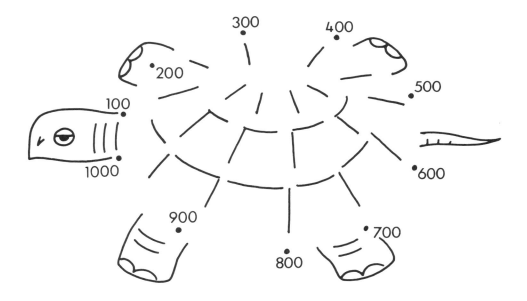

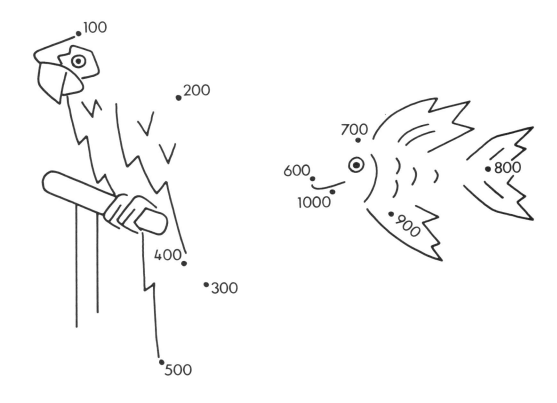

encima	en medio de	entre
detrás	junto	delante

1. Estoy d_____
del árbol.

2. Estoy d_____
del árbol.

3. Estoy e_____
la mesa y la silla.

4. Estoy e_____
de la mesa.

5. Estoy e____ m_____
d____ un círculo de gatos.

1.

Estoy junto a la caja.

2.

Estoy dentro de la caja.

3.

Estoy arriba.

4.

Estoy entre dos cajas.

5.

Estoy abajo.

LEARNING SYSTEM C

¡Viva el español!
Master **74**

la tienda

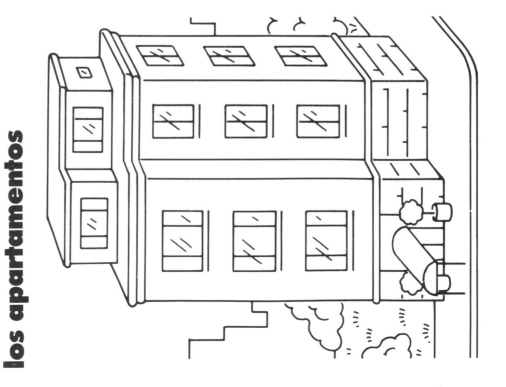

los apartamentos

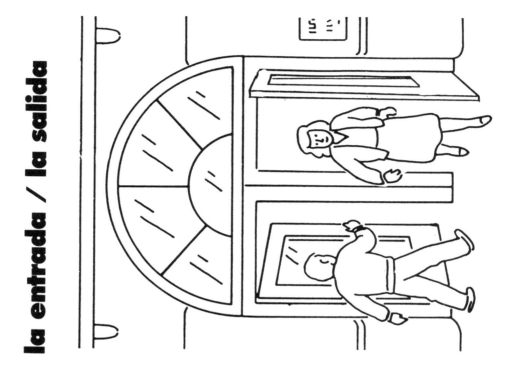

la entrada / la salida

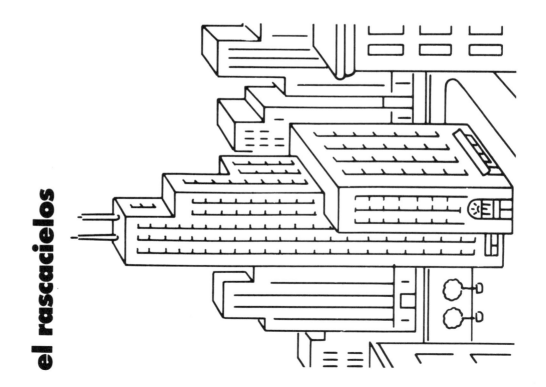

el rascacielos

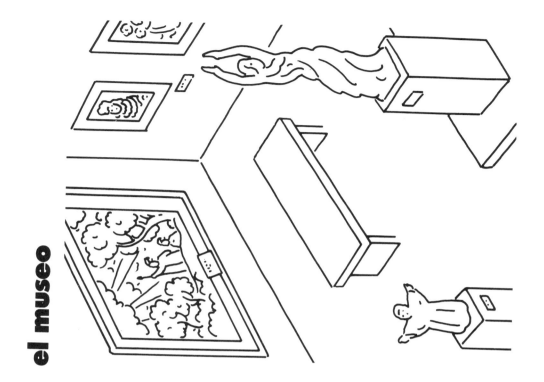

el museo

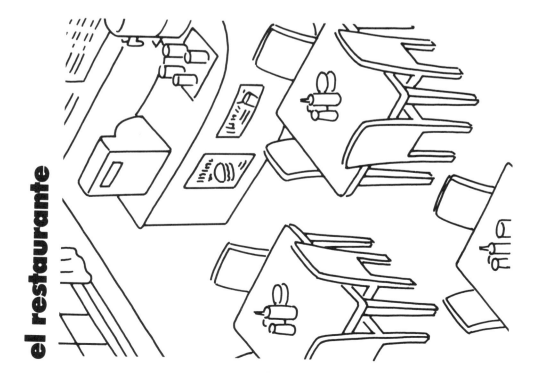

el restaurante

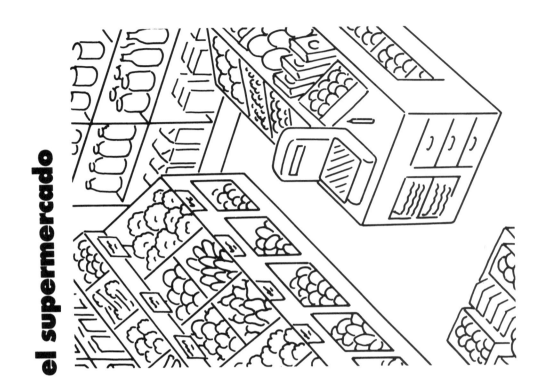

el supermercado

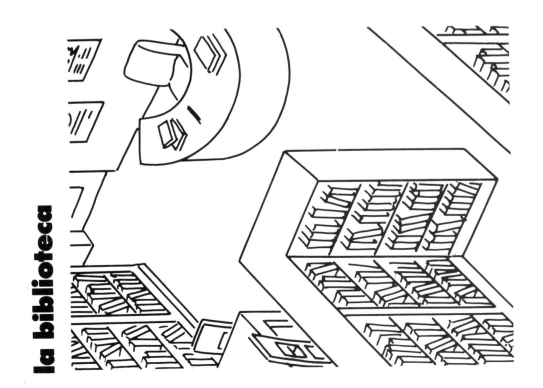

la biblioteca

el hospital

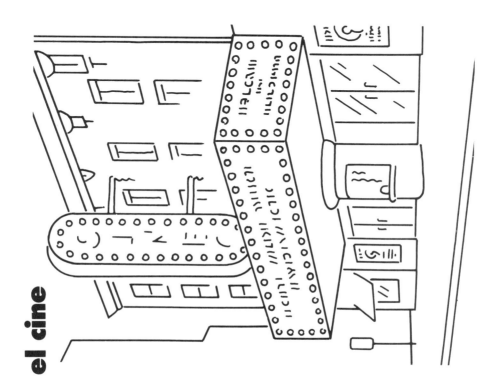

el cine

el parque

el zoológico

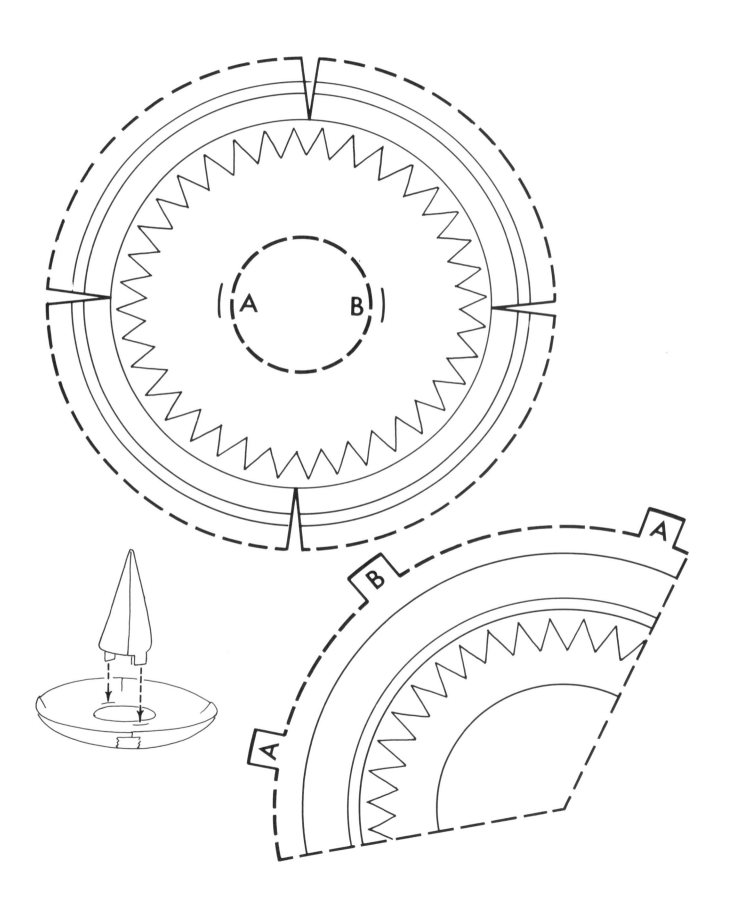

los bomberos

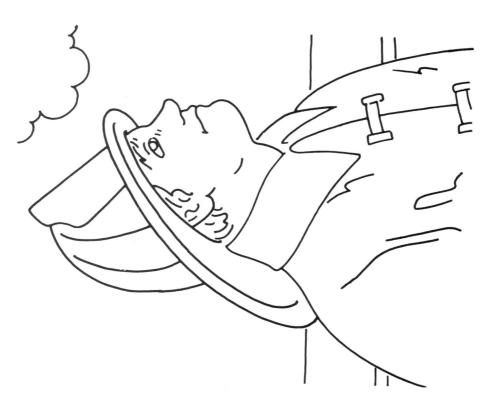

el bombero

la alarma de incendios

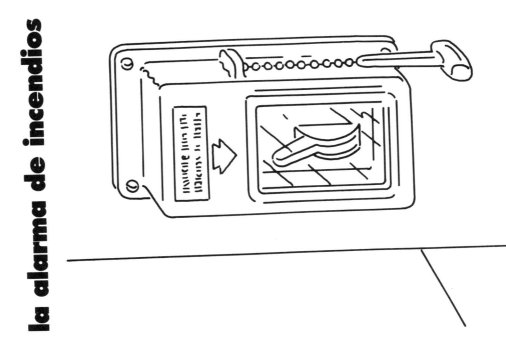

la estación de bomberos

LEARNING SYSTEM C

© National Textbook Company

¡Socorro! ¡Auxilio! ¡Ayuda!

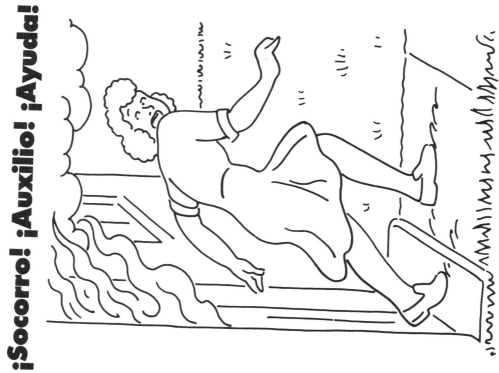

la boca de agua

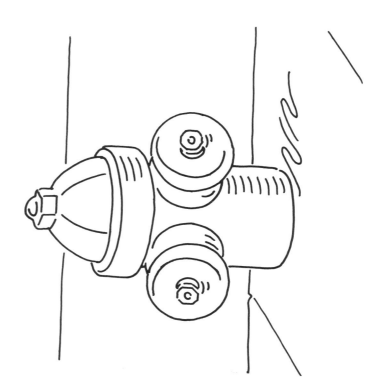

LEARNING SYSTEM C

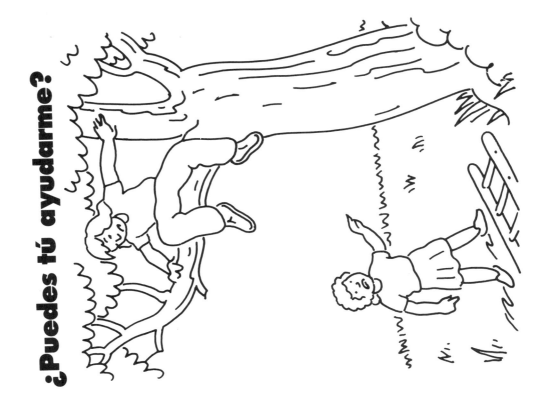

¿Puedes tú ayudarme?

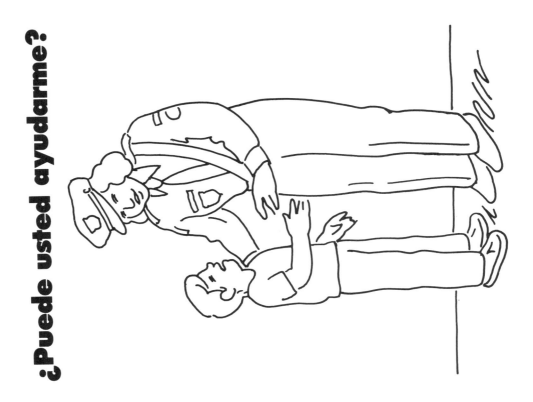

¿Puede usted ayudarme?

1. ¿Dónde está el pájaro? ¿Está arriba o está abajo?

   _____

2. ¿Dónde está la tortuga? ¿Está encima de las flores?
   ¿Está en medio de las flores?

   _____

3. ¿Dónde está el gato? ¿Está junto al árbol? ¿Está
   dentro del árbol?

   _____

4. ¿Dónde está el muchacho? ¿Está entre la bicicleta
   y la casa? ¿Está debajo de la bicicleta?

   _____

5. ¿Dónde está el perro? ¿Está arriba o está abajo?

   _____

© National Textbook Company

el bombero

los bomberos

la estación de bomberos

la alarma de incendios

la boca de agua
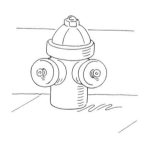

¡Socorro! ¡Ayuda! ¡Auxilio!

¿Puede usted ayudarme?

¿Puedes tú ayudarme?

LEARNING SYSTEM C

¡Viva el español!

Master **82**

la ballena

el tiburón

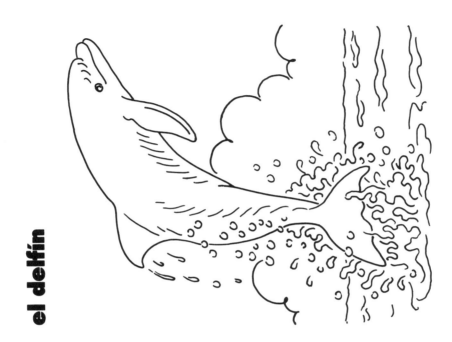

el delfín

el pulpo

las algas marinas

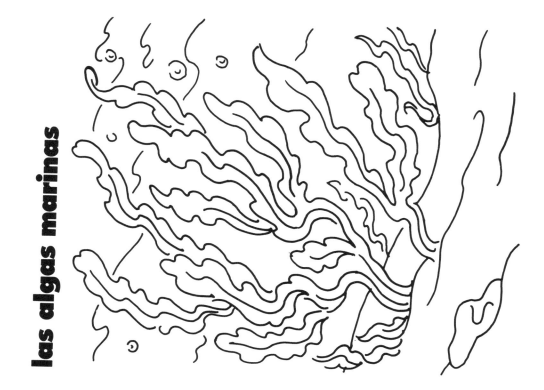

el caballito de mar

la estrella del mar

la arena / la concha

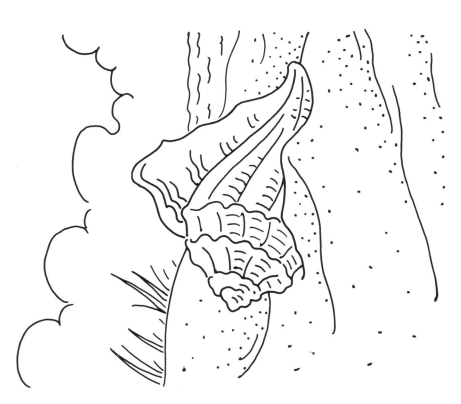

el mar

el tiburón

la ballena
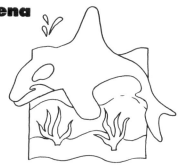

el pulpo

el delfín

el caballito de mar

las algas marinas

la arena / la concha

la estrella del mar

la médica

el médico

el consultorio

una paciente

la camilla

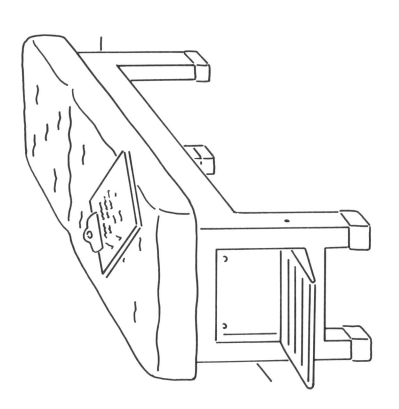

la balanza

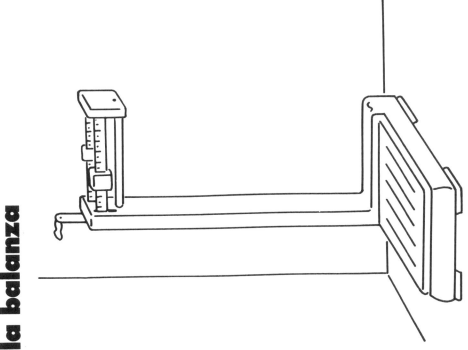

Estoy enferma.

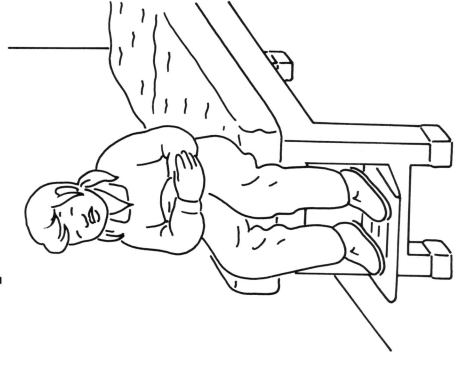

Estoy enfermo.

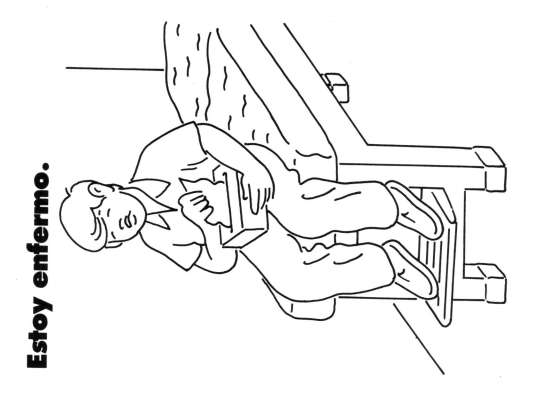

LEARNING SYSTEM C

© National Textbook Company

el médico

la médica

una paciente

el consultorio

la balanza

la camilla

Estoy enfermo.

Estoy enferma

la enfermera

el enfermero

la carnicería / el carnicero / la carne

la panadería / el panadero / el pan

la floristería / el florista / las flores

la librería / la librera / los libros

El menú

Desayuno
Cereal _____
Leche _____
Pan tostado _____
Jugo _____

Almuerzo
Sopa _____
Galletas _____
Sándwich _____
Queso _____

Cena
Pollo _____
Pescado _____
Carne _____
Papas _____
Arroz _____
Zanahorias _____

Frutas
Manzana _____
Durazno _____
Plátano _____
Piña _____
Cerezas _____

Uvas _____
Fresas _____
Peras _____
Naranjas _____

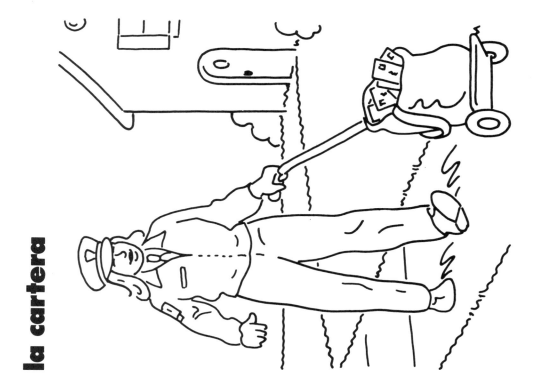

la cartera

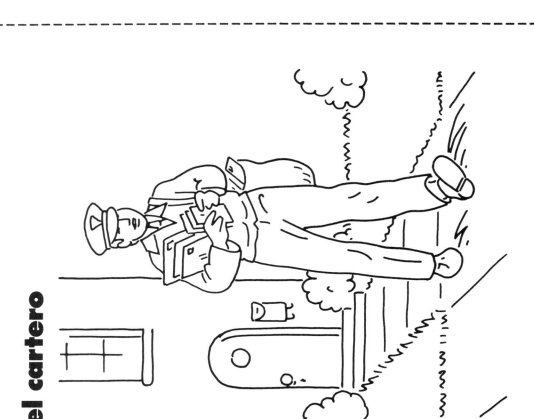

el cartero

la frutera

el frutero

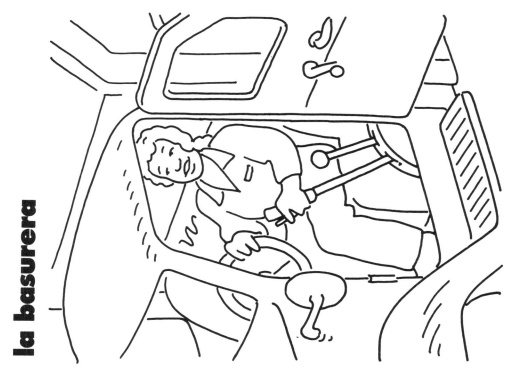

la basurera

el basurero

LEARNING SYSTEM C

la mecánica

el mecánico

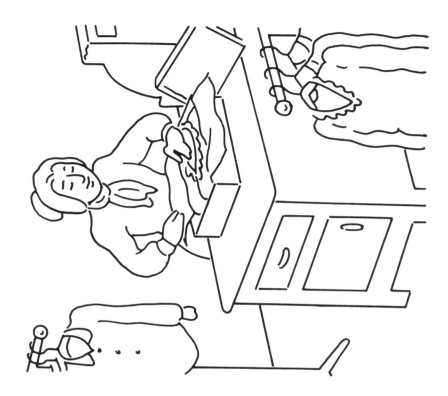

la vendedora

el vendedor

la jardinera

el jardinero

LEARNING SYSTEM C

el cartero

la cartera

el frutero

la frutera

el basurero

la basurera

el mecánico

la mecánica

el vendedor

la vendedora

el jardinero

la jardinera

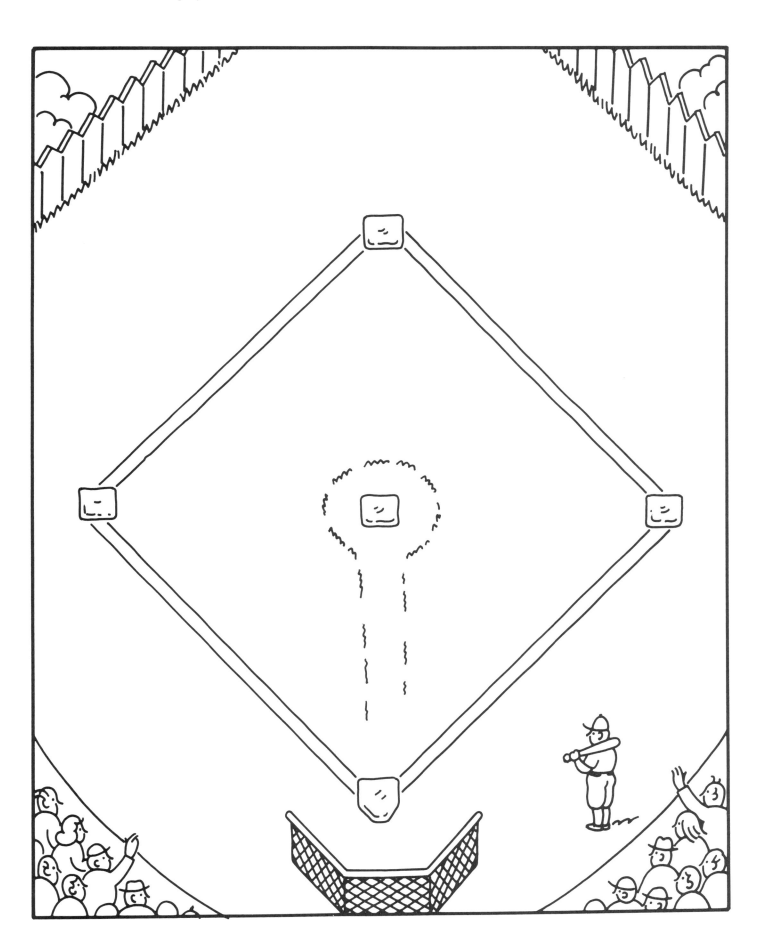

Mis amigos

el nombre	la dirección	el número de teléfono

el público

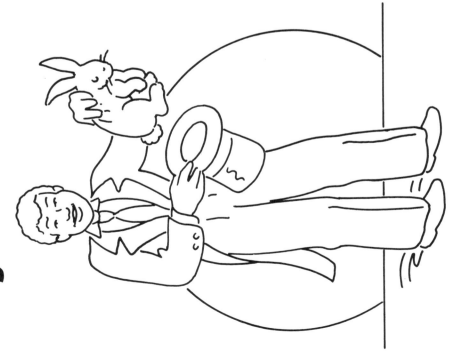

el mago

el director de circo

la domadora

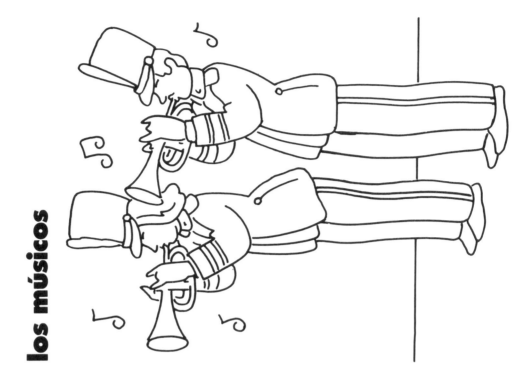

los músicos

los jinetes

los trapecistas

los acróbatas

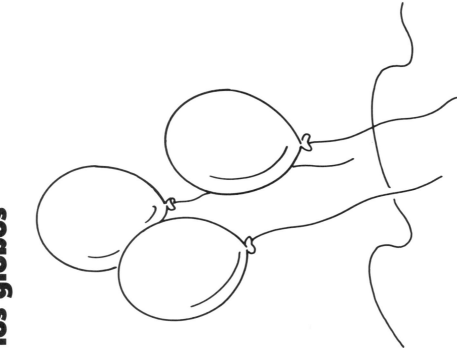

los globos

la malabarista

las golosinas

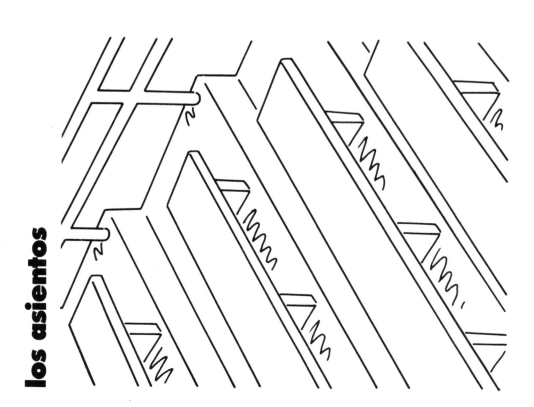

los asientos

el mago

el público

la domadora

el director de circo

los jinetes

los músicos

los acróbatas

los trapecistas

la malabarista

los globos

los asientos

las golosinas

la montaña

el valle

el río

el lago

el volcán

la isla

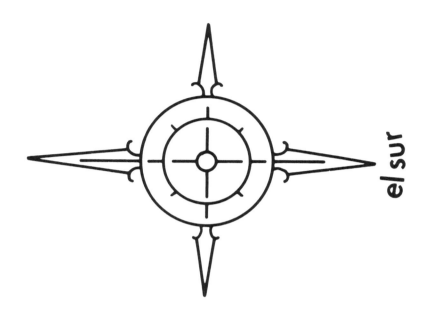

el sur

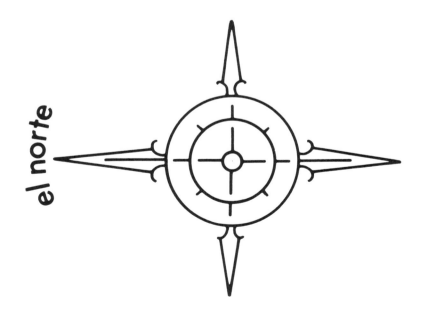

el norte

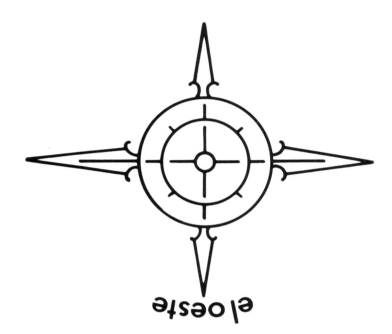

el oeste

el este

✂

100	**200**
300	**400**
500	**600**
700	**800**
900	**1000**